BEI GRIN MACHT SICH IHR WISSEN BEZAHLT

- Wir veröffentlichen Ihre Hausarbeit, Bachelor- und Masterarbeit
- Ihr eigenes eBook und Buch - weltweit in allen wichtigen Shops
- Verdienen Sie an jedem Verkauf

Jetzt bei www.GRIN.com hochladen und kostenlos publizieren

Daniel Beye

**Auswahl von CRM-Systemen und Technologiepartnern
- Kriterien, Prozesse und Erfolgsfaktoren**

GRIN Verlag

Bibliografische Information der Deutschen Nationalbibliothek:

Die Deutsche Bibliothek verzeichnet diese Publikation in der Deutschen Nationalbibliografie; detaillierte bibliografische Daten sind im Internet über http://dnb.d-nb.de/ abrufbar.

Dieses Werk sowie alle darin enthaltenen einzelnen Beiträge und Abbildungen sind urheberrechtlich geschützt. Jede Verwertung, die nicht ausdrücklich vom Urheberrechtsschutz zugelassen ist, bedarf der vorherigen Zustimmung des Verlages. Das gilt insbesondere für Vervielfältigungen, Bearbeitungen, Übersetzungen, Mikroverfilmungen, Auswertungen durch Datenbanken und für die Einspeicherung und Verarbeitung in elektronische Systeme. Alle Rechte, auch die des auszugsweisen Nachdrucks, der fotomechanischen Wiedergabe (einschließlich Mikrokopie) sowie der Auswertung durch Datenbanken oder ähnliche Einrichtungen, vorbehalten.

Impressum:

Copyright © 2011 GRIN Verlag GmbH
Druck und Bindung: Books on Demand GmbH, Norderstedt Germany
ISBN: 978-3-656-14794-7

Dieses Buch bei GRIN:

http://www.grin.com/de/e-book/190325/auswahl-von-crm-systemen-und-technologiepartnern-kriterien-prozesse

GRIN - Your knowledge has value

Der GRIN Verlag publiziert seit 1998 wissenschaftliche Arbeiten von Studenten, Hochschullehrern und anderen Akademikern als eBook und gedrucktes Buch. Die Verlagswebsite www.grin.com ist die ideale Plattform zur Veröffentlichung von Hausarbeiten, Abschlussarbeiten, wissenschaftlichen Aufsätzen, Dissertationen und Fachbüchern.

Besuchen Sie uns im Internet:

http://www.grin.com/

http://www.facebook.com/grincom

http://www.twitter.com/grin_com

Leuphana Universität Lüneburg

Seminararbeit

Seminar:
Customer Relationship Management
im Masterstudiengang Management & Entrepreneurship
Wintersemester 2011/2012

Thema:
Auswahl von CRM-Systemen und Technologiepartnern - Kriterien, Prozesse und Erfolgsfaktoren

Autor:
Daniel Beye

Eingereicht am:
15.12.2011

Inhaltsverzeichnis

Titelblatt

Inhaltsverzeichnis II

Abkürzungsverzeichnis III

Abbildungsverzeichnis IV

1 Marketingwandel im Licht von Informationstechnologien 1

2 Relevanz, Selektionsprozess und Architektur von CRM-Systemen 2

2.1 Informationstechnologien als Enabler von CRM-Strategien 2

2.2 Der Selektionsprozess von CRM-Systemen 3

2.2.1 Bedarfsanalyse und Ist-Zustand 4

2.2.2 Planung der detaillierten Systemanforderungen 4

2.2.3 Evaluation potenziell geeigneter IT-Lösungen 5

2.2.4 Abschließende Auswahlentscheidung 5

2.3 Die Architektur eines CRM-Systems 6

2.4 CRM-Systeme - Arten, Produkte und Lieferanten 7

3 Faktoren des internen Wandels bei der Auswahl von CRM-Systemen ... 8

3.1 Der Einfluss der Prozessorganisation auf die Systemauswahl 8

3.2 Personelle Aspekte bei der Auswahl von CRM-Systemen 9

3.2.1 Die Rolle des Managements 9

3.2.2 Beziehungen innerhalb des Projektteams 9

3.2.3 Buying Center-Prozesse 10

3.3 Change Management zur Steuerung der Handlungsfelder 11

4 Fazit und Ausblick 12

Quellenverzeichnis V

Abkürzungsverzeichnis

bspw.	beispielsweise
bzgl.	bezüglich
bzw.	beziehungsweise
CRM	Customer Relationship Management
E-Commerce	Electronic Commerce; elektronischer Handel
Engl.	Englisch(er Begriff)
et al.	at alii, et aliae, et alia; und andere
etc.	et cetera; und so weiter
i. w. S.	im weiteren Sinne
IT	Informationstechnologie
S.	Seite
SaaS	Software as a Service
SAP	Systeme Anwendungen Produkte; Firmenname
sog.	sogenannter, sogenannte
Vgl.	Vergleiche
z.B.	zum Beispiel

Abbildungsverzeichnis

Abbildung 1: CRM implementation model nach Chen und Popovich 2

Abbildung 2: Selektionsprozess CRM-System 5

1 Marketingwandel im Licht von Informationstechnologien

Die Entwicklung moderner IT-Systeme hat neben der Globalisierung und Liberalisierung von Absatzmärkten, den Veränderungen individueller Kundenbedürfnisse und -erwartungen, dem Übergang von Verkäufer- zu Käufermarkten in vielen Branchen und vielfältigen weiteren Faktoren wesentlich dazu beigetragen, dass das Marketing in den vergangenen zwei Jahrzehnten einen Wandel von der kurzfristigen Absatz- zur langfristigen Beziehungsorientierung erfahren hat.[1] Das klassische Transaktionsmarketing, das auf den Dimensionen Produkt, Preis, Kommunikation und Vertrieb basiert, ist um die Perspektive des Beziehungsmarketings, welches das Management und den Erhalt von langfristigen und dialogbasierten Beziehungen zu Kunden, Lieferanten und Mitarbeitern fokussiert, ergänzt worden.[2]

Das Management kundenorientierter Beziehungen wird in der Literatur über den Begriff Customer Relationship Management (CRM) thematisiert. Payne und Frow definieren CRM i. w. S. als „(...) strategic approach that is concerned with creating (..) shareholder and customer value through (...) appropriate relationships with key customers (...). CRM unites (...) marketing strategies and IT to create profitable, long-term relationships (...)."[3] Der Einsatz von Informationstechnologien erhält im CRM somit eine taktisch-instrumentelle Perspektive zur umfassenden Integration kundenorientierter Prozesse und Abteilungen, wie z.B. Marketing, Vertrieb und Service.[4] Das Risiko der fehlerhaften Auswahl und intensive Kosten machen das CRM-System zu einem kritischen Erfolgsfaktor.[5]

Diese Seminararbeit befasst sich mit der Selektion von CRM-Systemen und ihre Bedeutung als Erfolgsfaktor bei der CRM-Implementierung. Darüber hinaus wird ermittelt zu welchem Zeitpunkt und in welchen Teilschritten die Technologieauswahl in einem idealtypischen CRM-Prozess entscheidungsrelevant wird. Des weiteren werden kritische Faktoren des internen Wandels bei der Systemauswahl dargestellt. Die Seminararbeit schließt mit einer Zusammenfassung der Erkenntnisse und gibt einen Ausblick auf weiteren Untersuchungsbedarf.

---

[1] Vgl. Gneiser, M. S.: Value-Based CRM, 2010, S. 95.
[2] Vgl. Lindgreen, A.: The design of a CRM programme, 2004, S. 160. f.; Arens, T.: Auswahl von CRM-Software, 2004, S. 10 ff.
[3] Payne, A.; Frow, P.: A Strategic Framework for CRM, 2005, S. 168.
[4] Vgl. Payne, A.; Frow, P.: A Strategic Framework for CRM, 2005, S. 168.
[5] Vgl. Friedrich, I. et al.: CRM Evaluation, 2010, S. 125 f.

2 Relevanz, Selektionsprozess und Architektur von CRM-Systemen

2.1 Informationstechnologien als Enabler von CRM-Strategien

Oftmals betrachten Unternehmen die Implementierung von CRM lediglich als Durchführung eines IT-Projektes[6] zur Verknüpfung von Marketing-, Vertriebs- und Serviceinformationen und lassen dabei unberücksichtigt, dass das verwendete CRM-System nur ein Baustein eines ganzheitlichen und strategischen CRM-Konzeptes ist.[7] Vielmehr müssen innerhalb der Unternehmung vielfältige Perspektiven berücksichtigt und integriert werden, um eine dauerhaft erfolgreiche Beziehung zum Kunden aufbauen zu können.[8]

Chen und Popovich identifizieren in ihrem CRM-Konzept Personen[9], Geschäftsprozesse und Technologien als interagierende und erfolgskritische Dimensionen für eine erfolgreiche CRM-Implementierung. Sie bilden die Basis für vier maßgebliche CRM-Handlungsfelder, die einen permanenten Kreislauf bilden: Unternehmensweite CRM-Strategie, technologische Prozesse, abteilungsübergreifende Integration und kundenorientierte Geschäftsprozesse.[10] CRM-Systeme verkörpern technologische Enabler (Engl.: to enable = befähigen) zur Reorganisation strategischer Geschäftsprozesse und Zielerreichung im CRM.[11]

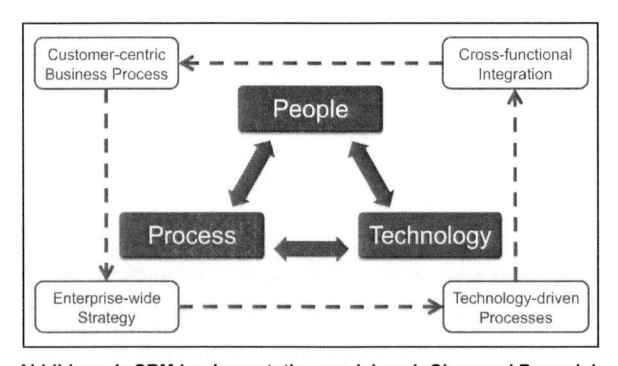

Abbildung 1: CRM implementation model nach Chen und Popovich
Quelle: Chen, I.; Popovich, K.: Understanding customer relationship management, 2003, S.676.

---

[6] Vgl. Kreutzer, R. T.: Praxisorientiertes Dialog-Marketing, 2009, S. 256.
[7] Vgl. Gneiser, M. S.: Value-Based CRM, 2010, S. 96.
[8] Vgl. Chen, I.; Popovich, K.: Understanding customer relationship management, 2003, S. 673.
[9] Für das Modell abstrahieren die Autoren auf „People" und meinen damit alle von CRM betroffenen Personengruppen, wie z.B. Kunden, Mitarbeiter und Management der Unternehmung.
[10] Vgl. Chen, I.; Popovich, K.: Understanding customer relationship management, 2003, S. 675.
[11] Vgl. Law, M. et al.: customer-managed relationship, 2003, S. 51; Leußer, W. et al.: Grundlagen-CRM, 2011, S. 36.

Das CRM implementation model nach Chen und Popovich ist nur ein exemplarisches Beispiel für mehrere strategische Rahmenkonzepte, die IT-Systemen eine konstituierende Relevanz zuschreiben. Payne und Frow bspw. integrieren fünf generische CRM-Prozesse zu einem strategischen Gesamtmodell. Bei ihnen ist der Einsatz von IT-Systemen im sog. Information Management Process verortet.[12]

Auch Zablah et al. haben im Rahmen eines Reviews gängiger CRM-Definitionen fünf Hauptperspektiven klassifiziert aus denen CRM betrachtet werden kann: Process, Strategy, Philosophy, Capability und Technology. Die Autoren beschreiben CRM-Systeme als wichtigste Ressource für das Management von Wissen über Kunden und den Dialog mit dem Kunden, um im CRM-Prozess langfristige und profitable Kundenbeziehungen aufzubauen.[13] Je besser Kundeninformationen über IT-Systeme gesammelt, gespeichert und ausgewertet werden können, desto geeigneter sind die abgeleiteten Handlungsoptionen zur Befriedigung von Kundenbedürfnissen, bzw. zur Steigerung der Kundenbindung.[14]

2.2 Der Selektionsprozess von CRM-Systemen

Der Gesamtprozess der CRM-Implementierung erfolgt in einer systematischen Abfolge von Phasen und hat Projektcharakter.[15] Für die erfolgreiche Einführung ist es bedeutsam, dass Teilprojekte, die die Auswahl eines CRM-Systems beeinflussen oder durch die Selektion selbst beeinflusst werden, ermittelt und aufeinander abgestimmt werden.[16]

Friedrich et al. stellen die Auswahl von CRM-Systemen in Ihrer Untersuchung in den Mittelpunkt des CRM-Prozesses. Der Auswahl eines CRM-Systems ist die Konzeption der CRM-Strategie als initiierender Teilprozess[17] vorgelagert.[18]

Die Selektion eines CRM-Systems setzt sich aus der internen Bedarfsanalyse, den detaillierten Systemanforderungen, der Evaluation von IT-Lösungen und

---

[12] Vgl. Payne, A.; Frow, P.: A Strategic Framework for CRM, 2005, S. 167.
[13] Vgl. Zablah, A. R. et al.: An evaluation of divergent perspectives, 2004, S. 477.
[14] Vgl. Greve, G.: Erfolgsfaktoren von Customer-Relationship-Management, 2006, S. 92.
[15] Vgl. Zablah, A. R. et al.: An evaluation of divergent perspectives, 2004, S. 476.
[16] Vgl. Schulze, J.: CRM erfolgreich einführen, 2002, S. 111.
[17] Mit Rücksichtnahme auf den begrenzten Umfang dieser Arbeit, werden Teilprozesse, die der CRM-Systemauswahl vor- oder nachgelagert sind, nur durch Oberbegriffe genannt und schlagwortartig umrissen. Bei der Modifikation, Ergänzung oder Erneuerung existierender CRM-Systeme werden nicht alle Phasen durchlaufen.
[18] Vgl. Friedrich, I. et al.: CRM Evaluation, 2010, S. 131.

der Auswahlentscheidung bzgl. eines geeigneten CRM-Systems zusammen.[19] Die Einteilung in vier universelle Phasen stellt ein sehr allgemeines Vorgehensmodell und somit einen groben Ansatz als Standardlösung dar.[20] Die Einführungsphase des CRM-Systems innerhalb der Unternehmung bildet einen weiteren eigenständigen Teilprozess.[21]

2.2.1 Bedarfsanalyse und Ist-Zustand

In der Bedarfsanalyse werden die benötigten Funktionalitäten und Systemanforderungen der CRM-Technologie ermittelt, mit denen die strategischen CRM-Ziele und -Prozesse realisiert werden können. Oftmals sind Teilfunktionalitäten eines CRM-Systems bereits im Unternehmen vorhanden und können integriert werden. Somit beinhaltet die Bedarfsanalyse auch die Analyse des Ist-Zustandes bestehender CRM-Komponenten. Im Vordergrund steht der Bedarf an Funktionen mit einem konkreten Anwendungsnutzen. In diese Phase sind abteilungsübergreifend die Bedarfe der späteren Anwender und Interessensgruppen zu berücksichtigen. Eine erste Marktübersicht und Produktrecherche ist sinnvoll. Die bloße Auflistung aller am Markt erhältlichen Funktionalitäten der gängigen Anbieter ist allerdings nicht zielführend.[22]

2.2.2 Planung der detaillierten Systemanforderungen

In dieser Phase wird das sog. Pflichtenheft (Soll-Zustand) des CRM-Systems erstellt. In dem Pflichtenheft werden alle spezifischen Hard- und Softwareanforderungen dokumentiert und priorisiert. Es wird nach einem groben Marktscreening der gängigen CRM-Software an geeignete Systemanbieter als Ausschreibung verschickt, damit diese Kostenvoranschläge erstellen können.[23]
Je nach Individualität der Anforderungen werden in dieser Phase make-or-buy-Überlegungen angestellt. Sollte CRM-Standardsoftware die Anforderungen nicht oder nur bedingt erfüllen, können modifizierte Standardlösungen, Baukasten-Systeme oder ein selbst entwickeltes Individualsystem in Frage kommen.[24]

---

[19] Vgl. Friedrich, I. et al.: CRM Evaluation, 2010, S. 131.
[20] Vgl. Arens, T.: Auswahl von CRM-Software, 2004, S. 232.
[21] Vgl. Friedrich, I. et al.: CRM Evaluation, 2010, S. 131.
[22] Vgl. Helmke, S.; Dangelmaier, W.: Ganzheitliches CRM-Audit, 2008, S. 295 f.
[23] Vgl. Arens, T.: Auswahl von CRM-Software, 2004, S. 233 ff.
[24] Vgl. Schulze, J.: CRM erfolgreich einführen, 2002, S. 25.

Das Pflichtenheft deckt intern divergierende Interessen bzw. Auffassungen von Funktionen auf und bietet Anlass zum abteilungsübergreifenden Dialog.[25]

2.2.3 Evaluation potenziell geeigneter IT-Lösungen

In der vorletzten Phase werden potenziell geeignete Anbieter von IT-Lösungen zur Produktpräsentation eingeladen. Anhand des Pflichtenheftes wird der Leistungsumfang der vorgestellten Systeme abgeglichen und bewertet. Einzelne Bewertungskriterien können je nach Relevanz zusätzlich gewichtet werden. Ziel der Bewertung ist die Vorauswahl der Anbieter bzw. IT-Lösungen, mit der höchsten Übereinstimmung bzgl. der Anforderungen.[26] Neben den funktionalen Anforderungen sind auch Kosten- (Installation, Wartung etc.) und Qualitätskriterien (Sicherheit, Erweiterung etc.) mit in die Bewertung einzubeziehen.[27]

2.2.4 Abschließende Auswahlentscheidung

Hilfsmittel für eine finale Feinbewertung sind Nutzwert- oder Sensitivitätsanalysen[28] sowie Punktwert- oder Scoring-Modelle.[29] Anhand der Bewertungsergebnisse fällt die Investitionsentscheidung für einen Anbieter bzw. ein System.[30] Bevor Vertrag und Konditionen mit dem Lieferanten verhandelt werden, sollte die Entscheidung intern den betroffenen Abteilungen präsentiert werden, um im Vorfeld mehr Akzeptanz der Beteiligten für die Entscheidung zu erhalten. Im Anschluss an die Verhandlungen findet der Übergang in die Realisierungs- bzw. Einführungsphase des CRM-Systems statt.[31]

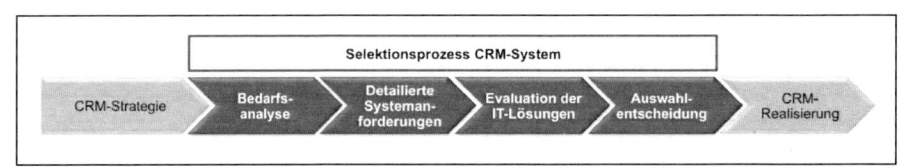

Abbildung 2: Selektionsprozess CRM-System
Quelle: in Anlehnung an: Friedrich, I. et al.: CRM Evaluation, 2010, S. 131.

---

[25] Vgl. Schumacher, J.; Meyer, M.: Customer Relationship Management, 2004, S. 293.
[26] Vgl. Schulze, J.: CRM erfolgreich einführen, 2002, S. 189 ff.
[27] Vgl. Friedrich, I. et al.: CRM Evaluation, 2010, S. 130 ff.
[28] Vgl. Arens, T.: Auswahl von CRM-Software, 2004, S. 234.
[29] Vgl. Schumacher, J.; Meyer, M.: Customer Relationship Management, 2004, S. 291.
[30] Vgl. Bull, C.: Strategic issues in CRM, 2003, S. 597.
[31] Vgl. Friedrich, I. et al.: CRM Evaluation, 2010, S. 132.

2.3 Die Architektur eines CRM-Systems

Das Stufenmodell von Mc Kinsey ist kein Ansatz zur Systemauswahl, ergänzt den Selektionsprozess aber in geeigneter Weise, da es einen guten Überblick über die notwendigen Hard- und Software-Komponenten bzw. über die IT-Infrastruktur verschafft. Die Systemarchitektur beinhaltet die drei Komponenten, die integrativ per CRM-System koordiniert werden müssen: Datenbeschaffung, Kundenanalyse und Kundeninteraktion.[32]

Im Rahmen der **Datenbeschaffung** sammelt, konsolidiert und exportiert[33] das CRM-System interne und externe Daten sowie Kundeninformationen singulärer Datenbanken, bzw. Insellösungen, aus dem Marketing oder Vertrieb abteilungsübergreifend in ein Data-Warehouse. Mit der Zusammenführung der Daten abteilungsindividueller Insellösungen wird eine einheitliche Sicht auf Kunden (single view of customer) möglich.[34] Diese Komponente wird auch als **analytisches CRM-System** bezeichnet und stellt neben dem operativen und dem kommunikativen CRM-System eine Hauptfunktion von CRM dar.[35]

Im Rahmen der **Kundenanalyse** können aus dem Data-Warehouse einzelne Datenpakete (z.B. die gesamten Stammdaten einer Kundengruppe), sog. Data-Marts, für einzelne Abteilungen oder Geschäftsprozesse extrahiert werden.[36]

Das sog. **operative CRM-System** unterstützt alle zentralen Geschäftsbereiche, die direkten Kundenkontakt haben und als Front Office bezeichnet werden.[37]

Der letzte Bereich der Systemarchitektur beinhaltet die Komponenten, die die Planung und Durchführung der **Kundeninteraktion** ermöglichen. Das CRM-System benötigt geeignete Tools für das Management aller Kundenkontaktpunkte, wie z.B. Außendienst, Call Center, Internet, Mailings etc.[38] Dialogmaßnahmen des **kommunikativen CRM** generieren neue Kundendaten, die systematisch in das Data-Warehouse zurückgeführt werden, um neue Erkenntnisse für das operative CRM zu liefern. Dieser geschlossene Kreislauf des kontinuierlichen Lernens wird auch mit dem Begriff closed loop architecture bezeichnet.[39]

---

[32] Vgl. Schulze, J.: CRM erfolgreich einführen, 2002, S. 99 f.
[33] Vgl. Gneiser, M. S.: Value-Based CRM, 2010, S. 97.
[34] Vgl. Kreutzer, R. T.: Praxisorientiertes Dialog-Marketing, 2009, S. 256 f.; Greve, G.: Erfolgsfaktoren von Customer-Relationship-Management, 2006, S. 171.
[35] Vgl. Gneiser, M. S.: Value-Based CRM, 2010, S. 97.
[36] Vgl. Kreutzer, R. T.: Praxisorientiertes Dialog-Marketing, 2009, S. 258.
[37] Vgl. Helmke, S. et al.: Grundsätze des CRM-Ansatzes, 2008, S. 12.
[38] Vgl. Schulze, J.: CRM erfolgreich einführen, 2002, S. 100.
[39] Vgl. Gneiser, M. S.: Value-Based CRM, 2010, S. 97.

2.4 CRM-Systeme - Arten, Produkte und Lieferanten

Schumacher und Meyer grenzen die Begriffe der Kommunikations- und Informationssysteme voneinander ab. Der Austausch und die Übermittlung von Daten erfolgt über Kommunikationssysteme, wie z.b. PC und Telefon, die keine spezifischen CRM-Komponenten darstellen. Informationssysteme dienen der Verarbeitung, Speicherung und Darstellung von Daten und haben per se ebenfalls keine CRM-spezifischen Eigenschaften.[40] Ein IT-System wird erst durch die spezifische Integration mehrerer Komponenten (Systeme für Call-Center, Kundeninteraktion, Front-Office und Internet-Portale)[41] und dem Einsatz von prozessunterstützender CRM-Software zum ganzheitlichen CRM-System.[42]

Unterstützen die Funktionalitäten des CRM-Systems das gesamte CRM, wird von einem **integrativen CRM-System** gesprochen. Ein **selektives CRM-System** hingegen stellt lediglich eine IT-Unterstützung einzelner Hersteller-Kunden-Beziehungen, wie z.b. dem Beschwerdemanagement, dar.[43]

Standardisierte CRM-Systeme sind am weitesten verbreitet. Nach einer Studie von Capgemini setzen 47% der befragten Unternehmen fremdbezogene Standardprodukte ein. 12% haben ihre IT-Landschaft externalisiert[44] und weitere 29% setzen auf Individualsoftware bzw. OpenSource-Systeme.[45]
Die größten Anbieter von Standardsoftware sind SAP, Microsoft und Oracle. 76% der Unternehmen nutzen Produkte dieser Hersteller. Lieferanten diversifizieren ihre Produkte im Zuge neuer technischer Möglichkeiten. Das klassische Produkt ist die im Unternehmen betriebene Software-Lizenz (**On Premise**-Lösung). Ausgelagerte CRM-Systeme mit webbasiertem Zugriff, sog. „**Software as a Service**"-Produkte (SaaS), etablieren sich als Alternative.[46] Bei dieser Variante werden Funktionen je nach Umfang und Nutzungsdauer gemietet.[47]

---

[40] Vgl. Schumacher, J.; Meyer, M.: Customer Relationship Management, 2004, S. 123 f.
[41] Vgl. Schumacher, J.; Meyer, M.: Customer Relationship Management, 2004, S. 182.
[42] Vgl. Helmke, S. et al.: Grundsätze des CRM-Ansatzes, 2008, S. 11.
[43] Vgl. Rentzmann, R.: IT-Unterstützung durch CRM-Systeme, 2011, S. 151.
[44] Outsourcing ist kein Indiz für die Nutzung von Standard-Software oder individueller Software. Diese Vorgehensweise lässt lediglich Rückschlüsse auf Datenlagerung und -zugang etc. zu.
[45] Vgl. Capgemini: CRM-Barometer, 2009, S. 20.
[46] Vgl. Capgemini: CRM-Barometer, 2009, S. 18.
[47] Vgl. Hackmann, J.: So finden Sie die passende CRM-Lösung, 2010, S. 12.

Die On-Premise-Produkte SAP CRM (33%) und Oracle Siebel (26%) machen mehr als die Hälfte des Marktes unter sich aus. Das Softwareprodukt Microsoft Dynamics CRM kommt mit 7% auf den drittgrößten Marktanteil. Die SaaS-Produkte Oracle CRM On Demand (7%) und SAP CRM On Demand (3%) haben geringe Marktanteile, bieten aber Wachstumsperspektiven.[48]

Standardsoftware bietet gegenüber der Eigenentwicklung vielfältige Vorteile hinsichtlich kürzerer Einführungszeiten, geringerer Kosten, Support, Weiterentwicklung und Schulung durch den Anbieter sowie ein geringeres technisches Risiko bei der Inbetriebnahme. Allerdings bringen standardisierte Produkte, insbesondere Branchenlösungen, den Nachteil, dass mit dem CRM-System kein Wettbewerbsvorteil gegenüber der Konkurrenz aufgebaut werden kann.[49]

3 Faktoren des internen Wandels bei der Auswahl von CRM-Systemen

Die technologische Perspektive allein reicht nicht aus, um die erfolgskritischen Faktoren bei der Auswahl von CRM-Systemen hinreichend zu betrachten. Mit Blick auf das CRM implementation model von Chen und Popovich wird deutlich, dass CRM-Technologien in interdependenter Beziehung zu Geschäftsprozessen und Personengruppen stehen. Insofern beeinflussen auch diese Handlungsfelder den Selektionsprozess von CRM-Systemen (siehe Kapitel 2.1).
Lindgreen unterscheidet „hard CRM skills" und „soft CRM skills" bei der CRM-Implementierung. Während die Phasen des Gesamtprozesses (siehe Kapitel 2.2) die harten Faktoren darstellen, bilden simultan ablaufende Prozesse, wie z.B. der Wandel der Management- bzw. Prozessorganisation, das Engagement des Top-Managements und die Einbindung der Mitarbeiter, weiche Faktoren.[50]

3.1 Der Einfluss der Prozessorganisation auf die Systemauswahl

CRM-Strategien stellen den Kunden in das Zentrum aller Geschäftsprozesse. Die Auswahl eines CRM-Systems muss demnach die unternehmensweite Fokussierung des Kunden vollumfänglich berücksichtigen und ermöglichen. Alle

---

[48] Vgl. Capgemini: CRM-Barometer, 2009, S. 18.
[49] Vgl. Schulze, J.: CRM erfolgreich einführen, 2002, S. 26; Bull, C.: Strategic issues in CRM, 2003, S. 594.
[50] Vgl. Lindgreen, A.: The design of a CRM programme, 2004, S. 164.

technologischen Komponenten der sog. Customer Touch Points müssen auf die Reorganisation und Optimierung der Geschäftsprozesse ausgerichtet sein.[51] Es ist festzuhalten, dass die Reorganisation der Geschäftsprozesse ein erfolgskritischer Teil der CRM-Strategie ist und Vorgaben für die Gestaltung der Systemarchitektur liefert, aber den Selektionsprozess nicht maßgeblich beeinflusst.[52]

3.2 Personelle Aspekte bei der Auswahl von CRM-Systemen

3.2.1 Die Rolle des Managements

Veränderungen können zu Akzeptanzproblemen und Widerständen bei Mitarbeitern im Unternehmen führen. Diese Gefahr droht sowohl bei der Neueinführung als auch bei der Veränderung eines etablierten CRM-Systems.[53] Das Management ist aufgefordert durch den Einsatz und die Delegation von Ressourcen (personeller und finanzieller Natur), die Integration und Motivation der Mitarbeiter und durch eigene Anwesenheit die notwendigen Voraussetzungen für eine anforderungsgerechte Auswahl des CRM-Systems zu schaffen.[54]

Das Top-Management einer Unternehmung ist in der Verantwortung eine CRM-Implementierung kontinuierlich zu begleiten (Top Management Commitment)[55] und ein abteilungsübergreifendes Projektteam nach zielführenden Kriterien zusammenzustellen. Das Projektteam sollte auf Grund der cross-funktionalen Anwendung des CRM-Systems ausgewogen konzipiert werden und die Kompetenz haben CRM-Produkte zu evaluieren und auszuwählen und über Erfahrung im Projektmanagement verfügen. Die Beurteilung eines CRM-Systems wird nicht vom Top-Management selbst durchgeführt da meist nur ein Basisverständnis von CRM vorherrscht.[56]

3.2.2 Beziehungen innerhalb des Projektteams

Die Mitarbeiter in Marketing, Vertrieb und Service sind die späteren Anwender und haben vorrangig Anforderungen hinsichtlich Funktionalitäten und Bedien-

---
[51] Vgl. Chen, I.; Popovich, K.: Understanding customer relationship management, 2003, S. 684.
[52] Vgl. Friedrich, I. et al.: CRM Evaluation, 2010, S. 126.
[53] Vgl. Pufahl, M. et al.: Oracle CRM, 2010, S. 12.
[54] Vgl. Grabner-Kräuter, S.; Schwarz-Musch, A.: CRM - Grundlagen, 2009, S. 191.
[55] Vgl. Chen, I.; Popovich, K.: Understanding customer relationship management, 2003, S. 684.
[56] Vgl. Bull, C.: Strategic issues in CRM, 2003, S. 597 f.

freundlichkeit an ein CRM-System.[57] Die Beurteilung der Technologie bzgl. Integrationsfähigkeit, Kompatibilität, Robustheit, Erweiterbarkeit und Wartung erfolgt seitens der IT-Abteilung.[58] Payne und Frow verweisen auf Schwierigkeiten bei der abteilungsübergreifenden Zusammenarbeit bei der Auswahl von CRM-Systemen: „(...) separation between marketing and IT sometimes presents integration issues at the organizational level. (...) to scale existing systems or to plan for the migration to larger systems without disrupting business (..) is critical."[59].

Es ist festzustellen, dass jede involvierte Abteilung die Auswahl des CRM-Systems aus einer anderen Perspektive beurteilt. Trotz unterschiedlicher Ziele oder gar unterschiedlicher Kulturen zwischen Funktionsbereichen, ist ein Commitment zur kooperativen Zusammenarbeit aller eingebundenen Mitarbeiter unter dem Dach der übergeordneten CRM-Strategie anzustreben und eine sog. kurzsichtige Silo-Mentalität[60] zu vermeiden.[61]

3.2.3 Buying Center-Prozesse

Der Selektionsprozess kommt einer Kaufentscheidung, die von mehreren Personen gefällt wird, gleich und kann als Buying Center-Entscheidung bezeichnet werden. Der Prozess der CRM-Implementierung ist keine routinemäßige Problemlösung und wird meist nur einmal bzw. sehr selten durchgeführt. Auf Grund der komplexen und risikoreichen Entscheidungsinhalte sowie den abteilungsübergreifenden Entscheidungs- und Beurteilungskompetenzen in Bezug auf die Selektionskriterien sind mehrere Personen in die Auswahl des CRM-Systems eingebunden.[62]

Bei multipersonalen Kaufentscheidungen bekommen mehrere Determinanten eine besondere Relevanz. Neben der strukturellen und personellen Konstellation im Buying Center spielen auch persönliche Präferenzen und die gegenseitige Einflussnahme eine Rolle bei der Bildung von Gruppenpräferenzen. Die persönlichen Präferenzen können formeller Natur und somit von der Position und

---

[57] Vgl. Pufahl, M. et al.: Oracle CRM, 2010, S. 12.
[58] Vgl. Gneiser, M. S.: Value-Based CRM, 2010, S. 99.
[59] Payne, A.; Frow, P.: A Strategic Framework for CRM, 2005, S. 173.
[60] Vgl. Chen, I.; Popovich, K.: Understanding customer relationship management, 2003, S. 685.
[61] Vgl. Gneiser, M. S.: Value-Based CRM, 2010, S. 99.
[62] Vgl. Brinkmann, J.: Buying Center-Analyse, 2006, S. 7.

Funktion des Mitarbeiters geprägt sein, oder sie sind informeller Natur und sind in dem persönlichen Nutzen eines Mitarbeiters begründet.[63] Die beteiligten Personen nehmen in diesem Konstrukt verschiedene Rollen ein. Es werden Fach- und Machtpromotoren sowie Fach- und Machtopponenten unterschieden. Promotoren fördern Projekte bzw. den Selektionsprozess aktiv und intensiv entweder auf Grund ihres Fachwissens mittels Argumentation oder auf Grund ihrer hohen hierarchischen Position mittels formaler Entscheidungsmacht. Promotoren versuchen die Widerstände von Opponenten zu überwinden. Opponenten hingegen verzögern Buying Center-Entscheidungen, z.B. durch das Zurückhalten von entscheidungsrelevanten Informationen.[64]

Mögliche Konflikte zwischen Promotoren und Opponenten können durch die Bildung einer ergebnisorientierten Gruppenpräferenz harmonisiert und überwunden werden. Persönliche Präferenzen werden nach Möglichkeit untereinander so verknüpft, dass sie sich an den übergeordneten Zielen und anforderungsgerechten Funktionen des CRM-Systems orientieren.[65]

3.3 Change Management zur Steuerung der Handlungsfelder

Zur verzahnten Steuerung der drei Handlungsfelder Technologien, Prozesse und Personen empfiehlt es sich den internen Wandel durch sog. Change Management kontinuierlich parallel zu begleiten. Während der Auswahl des CRM-Systems beschäftigt sich das Change Management mit der Analyse von und dem Umgang mit Promotoren und Opponenten, mit dem transparenten Umgang eingebrachter Ideen während der Bedarfsanalyse und der partizipativen Integration betroffener Mitarbeiter und Anwender zur Steigerung der Akzeptanz von internen Veränderungen durch CRM-Systeme.[66] Alle Maßnahmen des Change Managements während der Auswahl von CRM-Systemen tragen zur Überwindung von Widerständen bei und erhöhen mit zunehmender Akzeptanz die Erfolgsaussichten der CRM-Implementierung.[67]

---

[63] Vgl. Brinkmann, J.: Buying Center-Analyse, 2006, S. 18 ff.
[64] Vgl. Haehnel, C.: Buying Center-Entscheidungen, 2011, S. 32 f.
[65] Vgl. Haehnel, C.: Buying Center-Entscheidungen, 2011, S. 35 ff.
[66] Vgl. Helmke, S.; Dangelmaier, W.: Ganzheitliches CRM-Audit, 2008, S. 299.
[67] Vgl. Helmke, S. et al.: Change Management, 2008, S. 312.

4 Fazit und Ausblick

Die Auswahl von CRM-Systemen nimmt eine besondere Bedeutung im gesamten CRM-Implementierungsprozess ein. Eine isolierte Betrachtung des Selektionsprozesses wird dessen Bedeutung nicht gerecht und deshalb ist im Rahmen dieser Arbeit bewusst ein kurzer Überblick über alle relevanten Erfolgsfaktoren entstanden. Die vorliegende Darstellung erfolgskritischer Themen und Vorgänge bietet eine gute Ausgangsbasis zur weiteren Vertiefung.

Rein technologisch betrachtet werden sich CRM-Systeme weiterhin rasant entwickeln. Webbasierte und mobile CRM-Lösungen werden sich weiter verbreiten. Zudem ändert sich das Konsumverhalten der Kunden und mit ihm das Beziehungsmarketing zwischen Unternehmen und Kunden. Nach E-Commerce sind Mobile-Commerce und Facebook-Commerce aufkommende Trends. Unternehmen müssen in der Lage sein, Trends zu antizipieren und in Anforderungen und Funktionen für ihr CRM-System zu übersetzen. Ständige Soll-/Ist-Abgleiche zwischen den Kundenanforderungen und dem bestehenden CRM-System sind zu empfehlen und führen zu wiederkehrenden Auswahlprozessen.

Eine weitere Herausforderung stellt das interne Change Management dar. Personenindividuellen Erwartungen und abteilungsübergreifenden Widerständen sollte das Management adäquat begegnen können, indem Betroffene zu Beteiligten gemacht und zur Mitgestaltung der Veränderung motiviert werden.

Die Anschaffung und Inbetriebnahme eines CRM-Systems ist eine kostenintensive und meist einmalig getätigte Investition. Die Auswahl sollte deshalb nicht nach intuitiven Kriterien erfolgen. Vielmehr sollten die Erfolgsaussichten von CRM durch eine systematische Auswahl des IT-Systems erhöht werden.

Zur Auswahl von CRM-Systemen liegen vorrangig theoretische Auswahlmodelle aber kaum empirische Studien vor, da der Erfolg oder Misserfolg der Auswahlentscheidung nicht valide operationalisiert werden kann. Unternehmen haben für Ihr individuelles Setup aus Anforderungskatalog und finanziellen Möglichkeiten keine Vergleichsmöglichkeiten nachdem die Entscheidung getroffen und ein System implementiert wurde. Der Nutzwert alternativer CRM-Systeme kann bisher nur fiktiv auf dem Bewertungsbogen ermittelt werden.

Quellenverzeichnis

Arens, Thomas: Methodische Auswahl von CRM-Software: Ein Referenz-Vorgehensmodell zur methodengestützen Beurteilung und Auswahl von Customer Relationship Management Informationssystemen, Dissertation, Göttingen 2004.

Brinkmann, Jörg: Buying Center-Analyse auf der Basis von Vertriebsinformationen, Dissertation, Wiesbaden 2006.

Bull, Christopher: Strategic issues in customer relationship management (CRM) implementation, in: Business Process Management Journal, Jahrgang 9 (2003), Heft 5, Seite 592-602.

Capgemini: CRM-Barometer 2009/2010: Eiszeit in Sicht?, http://www.de.capgemini.com/insights/publikationen/crm-barometer-2009-2010/?ftcnt=10110, Seitenaufruf: 05.12.2011, Seite 1-24.

Chen, Injazz; Popovich, K.: Understanding customer relationship management (CRM) - People, processes and technology, in: Business Process Management Journal, Jahrgang 9 (2003), Heft 5, Seite 672-688.

Friedrich, Ina; Sprenger, Jon; Breitner, Michael H.:
CRM Evaluation: An Approach for Selecting Suitable Software Packages, in: Schumann, Matthias; Kolbe, Lutz M.; Breitner, Michael H.; Frerichs, Arne (Hrsg.): Multikonferenz Wirtschaftsinformatik 2010, Göttingen 2010, Seite 125-137.

Gneiser, Martin S.: Value-Based CRM: The Interaction of the Triad of Marketing, Financial Management, and IT, in: Business & Information Systems Engineering, Jahrgang 2 (2010), Heft 2, Seite 95-103.

Grabner-Kräuter, Sonja; Schwarz-Musch, Alexander: CRM - Grundlagen und Erfolgsfaktoren, in: Hinterhuber, Hans H.; Matzler, Kurt (Hrsg.): Kundenorientierte Unternehmensführung, 6. überarbeitete Auflage, Wiesbaden 2009, Seite 177-196.

Greve, Goetz: Erfolgsfaktoren von Customer-Relationship-Management-Implementierungen, Dissertation, Wiesbaden 2006.

Hackmann, Joachim: So finden Sie die passende CRM-Lösung, in: Computerwoche, Jahrgang 36 (2010), Heft 38, Seite 10-14.

Haehnel, Christin: Emotionen bei Buying Center-Entscheidungen, Wiesbaden 2011.

Helmke, Stefan; Brinker, Dörte; Wessoly, Helge: Change Management - der kritische Erfolgsfaktor bei der Einführung von CRM, in: Helmke, Stefan; Uebel, Matthias F.; Dangelmaier, Wilhelm (Hrsg.): Effektives Customer Relationship Management: Instrumente - Einführungskonzepte - Organisation, 4., vollständig überarbeitete Auflage, Wiesbaden 2008, Seite 301-312.

Helmke, Stefan; Dangelmaier, Wilhelm:

Ganzheitliches CRM-Audit für eine erfolgreiche Einführung von CRM, in: Helmke, Stefan; Uebel, Matthias F.; Dangelmaier, Wilhelm (Hrsg.): Effektives Customer Relationship Management: Instrumente - Einführungskonzepte - Organisation, 4., vollständig überarbeitete Auflage, Wiesbaden 2008, Seite 291-300.

Helmke, Stefan; Uebel, Matthias F.; Dangelmaier, Wilhelm:

Grundsätze des CRM-Ansatzes, in: Helmke, Stefan; Uebel, Matthias F.; Dangelmaier, Wilhelm (Hrsg.): Effektives Customer Relationship Management: Instrumente - Einführungskonzepte - Organisation, 4., vollständig überarbeitete Auflage, Wiesbaden 2008, Seite 3-24.

Kreutzer, Ralf T.:

Praxisorientiertes Dialog-Marketing: Konzepte - Instrumente - Fallbeispiele, Wiesbaden 2009.

Law, Monica; Lau, Theresa; Wong, Y.:

From customer relationship management to customer-managed relationship: unraveling the paradox with a co-creative perspective, in: Marketing Intelligence and Planning, Jahrgang 21 (2003), Heft 1, Seite 51-60.

Leußer, Wolfgang; Hippner, Hajo; Wilde, Klaus D.:
CRM - Grundlagen, Konzepte und Prozesse, in: Hippner, Hajo; Hubrich, Beate; Wilde, Klaus D. (Hrsg.): Grundlagen des CRM: Strategie, Geschäftsprozesse und IT-Unterstützung, 3., vollständig überarbeitete und erweiterte Auflage, Wiesbaden 2011, Seite 15-56.

Lindgreen, Adam:
The design, implementation and monitoring of a CRM programme: a case study, in: Marketing Intelligence & Planning, Jahrgang 22 (2004), Heft 2, Seite 160-186.

Payne, Adrian; Frow, Pennie: A Strategic Framework for Customer Relationship Management, in: Journal of Marketing, Jahrgang 69 (2005), Heft 10, Seite 167-176.

Pufahl, Mario; Ehrensperger, Lukas; Stehling, Peter:
Oracle CRM - Best Practices, Wiesbaden 2010.

Rentzmann, René; Hippner, Hajo; Hesse, Frank; Wilde, Klaus D.:
IT-Unterstützung durch CRM-Systeme, in: Hippner, Hajo; Hubrich, Beate; Wilde, Klaus D. (Hrsg.): Grundlagen des CRM: Strategie, Geschäftsprozesse und IT-Unterstützung, 3., vollständig überarbeitete und erweiterte Auflage, Wiesbaden 2011, Seite 129-155.

Schulze, Jens:
CRM erfolgreich einführen, 1. Auflage, Heidelberg 2002.

Schumacher, Jörg; Meyer, Matthias:
> Customer Relationship Management strukturiert dargestellt: Prozesse, Systeme, Technologien, 1. Auflage, Heidelberg 2004.

Zablah, Alex R.; Bellenger, Danny N.; Johnston, Wesley J.:
> An evaluation of divergent perspectives on customer ralationship management: towards a common understanding of an emerging phenomenon, in: Industrial Marketing Management, Jahrgang 33 (2004), Heft 6, Seite 475-489.